MEL BAY PRESENTS
THE COMPLETE CARCASSI GUITAR METHOD

MEL BAY PRESENTA
EL MÉTODO COMPLETO PARA GUITARRA DE CARCASSI

EDITIONES CLASSICAE®

MEL BAY PUBLICATIONS, INC. • #4 INDUSTRIAL DRIVE • PACIFIC, MO 63069

1 2 3 4 5 6 7 8 9 0

PREFACE

Matteo Carcassi, famous guitar virtuoso, teacher and composer for the guitar, was born in Florence, Italy in 1792, died in Paris 1853. Little is known concerning his early life beyond the fact that he was a skillful performer at an early age and that before he was twenty, was already considered a virtuoso of the classic guitar in his native country.

Carcassi possessed a rare combination of musical gifts: that of performer, teacher, and composer, all to the highest degree. His remarkable insight as to the technical problems involved in mastering the guitar is quite evident throughout his entire method.

The purpose of the revision of this famous guitar method is two-fold: (1) to modernize the fingerings for the right hand, based on the principles of the Spanish master, Francisco Tarrega (2) to organize the contents in a more logical sequence for study and teaching purposes. All exercises and pieces are in their original form. No notes have been changed or altered in the process of revision.

Carcassi, at the close of the original preface for his method states: "I can assert that any intelligent person who will attentively study this book from beginning to end will acquire a perfect knowledge of the mechanism of the guitar." Those words are as true today as when Carcassi wrote them--well over a hundred years ago.

Much credit must be given to Joseph Castle for his painstaking effort in the editing of this volume.

Mel Bay

PRÓLOGO

Matteo Carcassi, el famoso virtuoso de la guitarra, maestro y compositor para guitarra, nació en Florencia, Italia, en 1792, se murió en París en 1853. De su niñez se sabe poco excepto que tocaba muy bien desde muy joven y antes de cumplir veinte años ya fue considerado un virtuoso de la guitarra clásica en su país nativo.

Carcassi poseía una combinación rara de talentos musicales como intérprete, maestro y compositor del más alto grado. Su perspicacia extraordinaria respecto a los problemas técnicos asociados con el dominio de la guitarra es muy evidente a través de todo su método.

El propósito de la revisión de este famoso método de guitarra es doble: (1) Para modernizar la digitación de la mano derecha, basada en los principios del maestro español Francisco Tárrega. (2) Para organizar el contenido en un orden lógico con fines didácticos y de estudio. Todos los ejercicios y piezas están en su forma original. No se cambiado ni alterado ninguna nota en el proceso de revisión.

Carcassi dice al final del prólogo original de su método: "Puedo afirmar que cualquier persona inteligente que estudie este libro atentamente desde el principio hasta el final, logrará un conocimiento perfecto del mecanismo de la guitarra." Estas palabras son tan ciertas hoy como cuando Carcassi las escribió hace más de cien años.

Queremos acreditar a Joseph Castle por su valioso esfuerzo editando esta obra.

Mel Bay

COMPILED AND ARRANGED BY MEL BAY

Many thanks to Joseph Castle for helping to edit this text.

Elementary Principles of Music

Principios Elementales de Música

Music is the art of combining and expressing sounds. A succession of various agreeable sounds produces Melody.

Sounds so combined that they are heard simultaneously produce Harmony.

To express sounds, signs called Notes are used; they are written on five parallel lines, and in the spaces between the lines.

These five lines and four spaces are called the Staff.

As the Staff is not of sufficient extension to express all the sounds in Music, additional or Leger lines are introduced, above and below the Staff, when required.

La música es el arte de combinar y expresar sonidos. Una sucesión de varios sonidos agradables produce una Melodía.

Los sonidos combinados de tal manera que se oyen simultáneamente producen una Harmonía.

Para expresar los sonidos, se usan símbolos que se llaman Notas; se escriben en cinco líneas paralelas, y en los espacios entre las líneas.

Estas cinco líneas y cuatro espacios se llama Pentagrama. Como el pentagrama no tiene el alcance para representar todos los sonidos musicales, se usan líneas adicionales por encima o debajo del pentagrama cuando sea necesario.

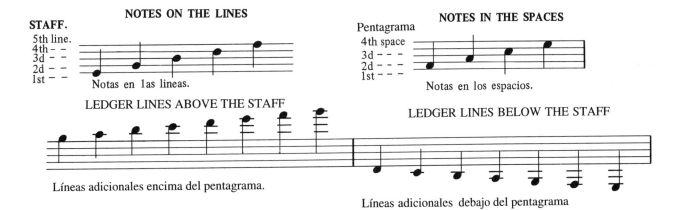

STAFF.
5th line.
4th - -
3d - -
2d - -
1st - -
NOTES ON THE LINES
Notas en 1as lineas.

Pentagrama
4th space
3d - - -
2d - - -
1st - - -
NOTES IN THE SPACES
Notas en los espacios.

LEDGER LINES ABOVE THE STAFF
Líneas adicionales encima del pentagrama.

LEDGER LINES BELOW THE STAFF
Líneas adicionales debajo del pentagrama

THE NOTES.

LAS NOTAS

Music is composed of seven notes, which are named after the first seven letters of the alphabet; A, B, C, D, E, F, G; by repeating the first note, C, a succession of eight notes is formed, called the Scale.

La música se compone de siete notas: Do (C) Re (D) Mi (E) Fa (F) Sol (G) La (A) Si (B); al repetir la primera nota, Do, se forma una sucesión de ocho notas llamada Escala.

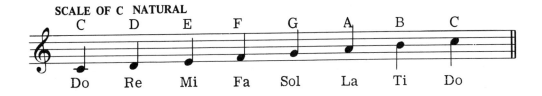

SCALE OF C NATURAL
C D E F G A B C
Do Re Mi Fa Sol La Ti Do

THE CLEFS.

The CLEF is a sign placed at the commencement of the Staff to determine the name of the notes. There are three sorts of Clefs used in music. The TREBLE, or G Clef, which is placed on the second line only, is made use of in compositions for the Guitar.

CHARACTER AND VALUE OF THE NOTES AND RESTS.

There are seven forms of Notes, each having a different value. By the value of a note, is understood, the duration of sound which it represents; this duration is determined by the form of the note itself. Each of these notes has a Rest or silence, which corresponds with it in value or duration.

LAS CLAVES

La CLAVE es un símbolo colocado al comienzo del pentagrama que determina el nombre de las notas. Hay tres tipos de Claves utilizados en la música. La clave de Sol, situada en la segunda línea, es la única que se usa para la música de guitarra.

TIPOS Y DURACIONES DE NOTAS Y SILENCIOS

Hay siete tipos de notas, cada una con un valor distinto. Por valor de la nota se entiende la duración del sonido que representa; esta duración es determinada por la forma de la nota misma. Cada una de las notas tiene una Pausa o Silencio, que corresponde con la nota en valor o duración.

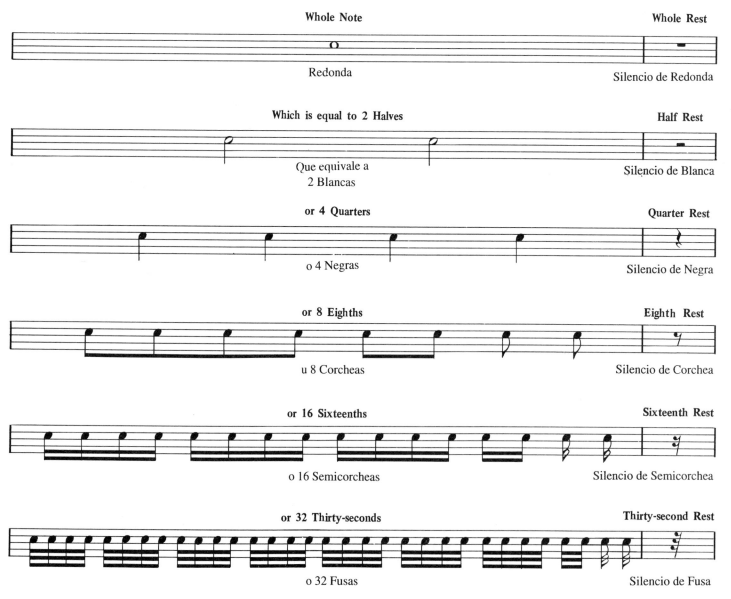

Whole Note — Redonda   Whole Rest — Silencio de Redonda

Which is equal to 2 Halves — Que equivale a 2 Blancas   Half Rest — Silencio de Blanca

or 4 Quarters — o 4 Negras   Quarter Rest — Silencio de Negra

or 8 Eighths — u 8 Corcheas   Eighth Rest — Silencio de Corchea

or 16 Sixteenths — o 16 Semicorcheas   Sixteenth Rest — Silencio de Semicorchea

or 32 Thirty-seconds — o 32 Fusas   Thirty-second Rest — Silencio de Fusa

THE DOT.

The Dot, placed immediately after a note or rest, increases its value one half. Thus, a dotted whole note is equal to three halves, a dotted half is equal to three quarters, a dotted quarter to three eighths, a dotted eighth to three sixteenths, etc.

When a second dot is added, its value is equal to half that of the first.

EL PUNTILLO

El Puntillo colocado inmediatamente detrás de una nota o un silencio, añade la mitad de su valor. Así, una nota redonda con puntillo equivale a tres blancas, una nota blanca con puntillo equivale a tres negras, una negra con puntillo a tres corcheas, etc.

Cuando se añade un segundo puntillo, su valor equivale a la mitad del primero.

Dotted Whole	Dotted Half	Dotted Quarter	Dotted Eighth	Dotted Sixteenth	Dotted Thirty-second	Dotted Rests
Redonda con puntillo	Blanca con puntillo	Negra con puntillo	Corchea con puntillo	Semicorchea con puntillo	Fusa con puntillo	Silencio con puntillo

TIME.

TIME is the division of any piece of Music into parts of equal duration. There are three principal measures: the measure of four beats, of three beats, and of two beats in a bar; all the others are derived from these three, and are called COMPOUND Measures.

The Measure, or Time, is marked at the commencement of every piece of Music by signs or by numbers, indicating the subdivisions of the measure. The Staff is divided by vertical lines into separate parts, called Bars of measure.

COMPÁS

El Compás es la división de cualquier pieza musical en partes de igual duración o tiempos. Hay tres tipos principales: cuaternarios (4 partes en un compás), ternarios (3), binarios (2) ; todos los otros son derivados de estos tres grupos y se llaman compases compuestos.

El compás se marca al principio de la pieza con números o un símbolo que indican la subdivisión del compás. El pentagrama se divide en partes separadas por líneas verticales o barras de compás.

TIME SIGNATURES

At the beginning of every piece of music is placed a time signature. The top figure indicates the number of counts per measure. The bottom figure indicates the type of note that receives one count. If the lower number is a 4, a quarter note (♩) has been chosen to represent one count. If the lower number is an 8, an eighth note (♪) has been chosen to represent one count.

MEDIDAS DE COMPÁS

Al comenzar cada pieza música se indica el tipo de compás. El número de arriba indica el número de tiempos por compás. El número de abajo indica el tipo de nota que dura un tiempo. Si el número inferior es un 4, se ha elegido una negra para representar un tiempo. Si el número inferior es un 8, una corchea representa un tiempo.

EXAMPLE OF TIME SIGNATURES

EJEMPLOS DE COMPASES

THE SHARP, FLAT, AND NATURAL.

The Sharp (♯) is a sign which raises a note a semitone. The Flat (♭) lowers it a semitone; and the Natural (♮) restores a note, altered by a sharp or flat, to its original sound.

A sharp or flat placed before a note, is called an Accidental, and acts only in the bar in which it occurs.

When these signs are placed at the commencement of a piece of music, namely, at the Clef, to point out its key, all the notes which are on the same line or space, on which these signs are placed, are affected by them.

There are as many sharps and flats as there are notes; the sharps are placed, beginning with F, by fifths ascending and by fourths descending.

The flats are placed, beginning with B, by fourths ascending and by fifths descending.

The double sharp (𝄪) raises the note one tone, and the double Flat (♭♭) lowers it one tone.

INTERVALS.

The distance between two sounds is called an Interval.

EL SOSTENIDO. EL BEMOL, Y EL BECUADRO.

El Sostenido(♯) es un signo que aumenta un semitono a una nota. El Bemol (♭) disminuye un semitono y el Becuadro restablece el tono normal a una nota alterada por un sostenido o un bemol.

Un sostenido o un bemol colocado antes de una nota se llama Accidental o Alteración y funciona solamente en el compás o medida donde ocurre.

Cuando estos símbolos están puestos al comienzo de una pieza de música, o sea, para indicar la clave, todas las notas que están en la misma línea o espacio donde se encuentra estos símbolos están afectadas por ellos.

Hay tantos sostenidos y bemoles como notas; los sostenidos están ordenados, comenzando con Fa, en intervalos de quintas ascendiendo y por cuartas descendiendo.

Los bemoles están ordenados, comenzando con Si, en cuartas ascendiendo y en quintas descendiendo.

El doble Sostenido (𝄪) aumenta la nota un tono, y el doble bemol (♭♭) la baja un tono.

LOS INTERVALOS

La distancia entre dos sonidos se llama un Intervalo.

EXAMPLE
EJEMPLO

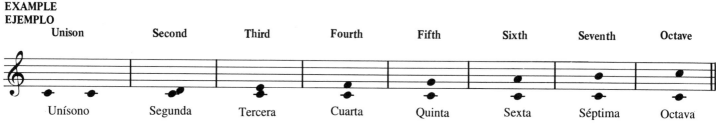

Unison	Second	Third	Fourth	Fifth	Sixth	Seventh	Octave
Unísono	Segunda	Tercera	Cuarta	Quinta	Sexta	Séptima	Octava

SCALES.

There are two kinds of Scales, the Diatonic and the Chromatic. The Scale is Diatonic when the five whole tones and two semitones which compose it, succeed each other regularly and in the natural order, whether ascending or descending. It is Chromatic when the five whole tones of the Diatonic Scale are divided into semitones, so as to form twelve of these in the compass of the octave.

In the Diatonic Scale, the two semitones are found between the third and fourth, and the seventh and eighth degrees, in the major mode; and between the second and third, and the seventh and eighth, in the minor.

ESCALAS

Hay dos tipos de Escalas, Diatónica y Cromática. La escala es Diatónica cuando los cinco tonos y dos semitonos que la componen se suceden regularmente y en el orden natural, sea ascendiendo o descendiendo. Es Cromática cuando los cinco tonos de la escala Diatónica son divididos en semitonos, para formar un total de doce semitonos en una octava completa.

En la escala Diatónica, los dos semitonos están situados entre la tercera y la cuarta, y la séptima y octava notas, en el modo mayor, y entre la segunda y la tercera, la séptima y octava, en el modo menor.

KEYS

The Key of a piece of music is indicated by the number of Sharps or Flats which are found at the Clef. Each Major key, which I shall call the principal key, has its relative Minor key.

It is called relative, because it is marked at the Clef by the same number of Sharps or Flats as its principal key; except the key of C major, and its relative A minor, which have no signature.

The relative key is a minor third below its principal key, as the following table shows.

CLAVES O TONOS

La Clave o Tono de una pieza de música está indicada por el número de sostenidos o bemoles que se encuentran en la Armadura. Cada tono Mayor, que llamaremos el tono principal, tiene su tono Menor relativo.

Se llama relativo, porque la Armadura tiene el mismo número de sostenidos o bemoles que su tono principal, con la excepción del tono de Do mayor, y su La menor relativo, que no tienen accidentales.

El tono relativo es un menor tercero debajo de su tono principal, como muestra la tabla siguiente.

To shorten the study of the foregoing tables, and to know in which key a piece of music is, it is necessary to know that when there are no flats or sharps at the Clef, it is in C major or A minor; with the #, the major key is one semitone above the last sharp placed at the Clef; and the minor key two semitones below it; with the ♭, the major key is five semitones below the last ♭ in the signature, and the minor key four semitones above.

To know whether we are in the principal key of the major mode, or in its relative minor, it is necessary to examine whether the fifth of the major key is accidentally altered by a sharp or natural; if not, we are in the principal major key; if it is altered, we are in the relative minor.

Para abreviar el estudio de las tablas anteriores, y para saber en qué clave está una pieza, es necesario saber que cuando no hayan bemoles o sostenidos en la clave, está en Do mayor o La menor. Con sostenidos, el tono mayor es un semitono por encima del último sostenido de la Clave y el tono menor dos semitonos debajo de la Clave. Con bemoles, el tono mayor es cinco semitonos debajo del último bemol en la clave, y el tono menor cuatro semitonos arriba.

Para saber si estamos en el tono principal del modo mayor, o en su menor relativo, es necesario examinar si la quinta del tono mayor tiene alteración ,un sostenido o becuadro; si no tiene, estamos en el tono mayor principal; si está alterado, estamos en el menor relativo.

MANNER OF HOLDING THE GUITAR, AND THE POSITION OF THE HANDS.

To hold the guitar well it is necessary to be seated, preferably on a chair of average height, the left foot resting on a guitar foot-rest or small stool of a height proportioned to the seat. For most adults the footrest should be adjusted to a height of six inches. For children or persons of small stature, the height may be raised to seven or eight inches. The footrest is placed close to the left chair leg. The performer should sit on the front part of the chair seat.

Held in this manner the guitar is supported at four points: the left thigh, the right thigh, the underside of the right arm and the chest.

This position is preferable to all others because the instrument is held securely and does not require the support of the hands.

CARE OF THE FINGERNAILS

Proper care of the fingernails is essential. Nail clippers and a good quality metal fingernail file are recommended for this. The file should be two-sided, one side for shaping the nails, the other side (fine grain) for finishing.

The nails of the left hand must be kept short in order that the fingers may be placed on the strings in such a way as to produce good, clear tones.

The fingernails of the right hand should be allowed to grow approximately 1/16th of an inch beyond the flesh, as they are an aid in tone production. They should also be rounded and shaped in accordance with the contour of the fingertips.

OTHER SUGGESTIONS

The student should provide himself with: (1) a music stand (2) a guitar footrest (3) an A-440 tuning fork (4) replacement strings.

MODO DE APOYAR LA GUITARRA, Y POSICIÓN DE LAS MANOS

Para apoyar la guitarra bien es necesario estar sentado, preferiblemente en una silla de altura normal, el pie izquierdo descansando en un taburete de guitarra o banquillo pequeño con una altura proporcional a la del asiento. Para la mayoría de adultos, el taburete debe estar ajustado a una altitud de seis pulgadas (15 cm). Para niños o personas de estatura pequeña, se puede levantar hasta siete u ocho pulgadas (18-20 cm). El taburete se coloca cerca de la pata izquierda de la silla. El guitarrista debe sentarse en la parte frontal del asiento.

Colocada de esta manera, la guitarra está sostenida en cuatro puntos: el muslo izquierdo, el muslo derecho, debajo del brazo derecho y el pecho.

Esta es la posición preferida a todas las otras porque el instrumento está apoyado con firmeza y no requiere el apoyo de las manos.

CUIDADO DE LAS UÑAS

Un cuidado propicio de las uñas es esencial. Recomendamos un cortaúñas y una lima de metal de buena calidad para uñas para este fin. La lima debe tener dos lados, un lado para dar forma a las uñas y el otro lado (de grano fino) para un acabado.

Las uñas de la mano izquierda tienen que estar cortas para que se puedan colocar los dedos en las cuerdas de una manera que produzcan tonos claros y buenos.

Deben dejarse crecer las uñas de la mano derecha para que sobresalgan 1/16 pulgadas (1.5 mm) de la carne, ya que ayuda en producir un buen tono. Deben estar redondeadas siguiendo el contorno de las yemas.

OTRAS SUGERENCIAS

El alumno debe conseguir: (1) un atril, (2) un taburete para la guitarra, (3) un diapasón A-440, (4) cuerdas de repuesto.

THE LEFT HAND

To attain a good position of the left hand, place the thumb underneath the neck of the guitar directly behind the 2nd fret. Then place the first finger up to, but not on, the 1st fret. Then in like manner, the second finger 2nd fret, third finger 3rd fret, fourth finger 4th fret. This procedure automatically sets up the left hand in the required position.

THE RIGHT HAND

The right forearm should rest on the edge formed by the side and the sound-board. Then place the thumb, index, middle, and ring fingers on top of string six (the thickest one) with the thumb well in advance of the fingers. This procedure immediately forms the hand into a correct playing position. (see photo, on page 10).

It is well to remember that the thumb can play on any of the six strings, and that the fingers can also play on any of the six strings.

MANNER OF TOUCHING THE STRINGS

In playing the Classic Guitar two types of touch are employed by the right hand fingers.

(1) THE REST STROKE (Apoyando)

This type of stroke can be employed by any finger or the thumb. It is generally used in scales, scale-like passages, or to bring out the melodic line in compositions. Alternation of fingers is a basic principle. No finger is used twice in succession if it can be conveniently avoided.

LA MANO IZQUIERDA

Para obtener una buena posición de la mano izquierda, hay que poner el pulgar debajo del mástil de la guitarra, justo detrás del segundo traste. Después, coloque el índice encima, sin tocar, el primer traste. De igual manera, coloque el medio sobre segundo traste, el anular sobre el tercero y el meñique sobre el cuarto traste. Este procedimiento automáticamente coloca la mano izquierda en la posición requerida.

LA MANO DERECHA

El antebrazo derecho debe descansar en el borde formado por el lado y el frente. Después, ponga el dedo pulgar, el índice, el medio y el anular encima de la sexta cuerda (la mas gruesa), con el dedo pulgar bien adelantado de los otros dedos. Este procedimiento automáticamente coloca la mano en la posición correcta (vea la foto en la página 10).

Hay que tener en cuenta que el pulgar puede pulsar cualquiera de las seis cuerdas y los demás dedos también usan las seis cuerdas.

CÓMO PULSAR LAS CUERDAS

Para tocar la Guitarra Clásica hay dos tipos de toque para los dedos de la mano derecha.

(1) EL TOQUE DE DESCANSO (Apoyando)

Este tipo de toque puede ser empleado por cualquier dedo o el pulgar. Se usa generalmente en escalas, pasajes parecidos a escalas o para acentuar la línea melódica de composiciones. Un principio básico es alternar los dedos. No se usa el mismo dedo dos veces seguidas si se puede evitar convenientemente.

The fingers are most often used in pairs, particularly the index and middle. Only the tip end of the finger is placed on the string. The finger action is somewhat like "walking on the strings" with a pair of fingers. The tone is produced by flipping the finger to the adjacent string. The amount of volume is determined by the amount of downward pressure of the fingers.

(2) THE FREE STROKE (Tirando)

The free stroke is employed in playing chords, arpeggios, and when neighboring strings need to vibrate simultaneously.

Francisco Tárrega
(1852–1909)

The right hand fingers and thumb should operate as though playing on a flat surface. The hand should retain a quiet position. Always avoid "hooking under" the strings when sounding them. The volume of tone is determined by pressing down on top of the strings with the tip end of the fingers. The more pressure, the more tone.

Shown above is a rare photograph of Francisco Tárrega, the famous Spanish guitar virtuoso. This photo is a classic example of how to hold the classic guitar.

The student should notice the following points in particular: (1) that the left leg is elevated by a footrest, thus slanting the fingerboard of the guitar upward about 45°. In this position the left hand has easy access to all the notes on the fingerboard. (2) that the knuckles of the right hand form a parallel line to the strings, forming the hand into a perfect playing position. Notice also that the thumb is placed well in advance of the fingers. This avoids interference with their movement. (3) that the left thumb is completely out of sight and that the wrist curves slightly outward. In playing the classic guitar the thumb must always be kept on the backside of the guitar neck.

Se usan con mas frecuencia los dedos en pares, particularmente el índice y el anular. Se pone solamente la yema en la cuerda. La acción de los dedos es algo parecido a "caminar en las cuerdas" con un par de dedos. El tono se produce al lanzar el dedo hacia la cuerda adyacente. Se determina el volumen del sonido por la presión hacia abajo que ejercen los dedos.

(2) EL TOQUE LIBRE (Tirando)

El toque libre se emplea al tocar acordes, arpegios y cuando se requiera que las cuerdas adyacentes vibren simultáneamente.

Los dedos de la mano derecha y el pulgar deben operar como si tocaran en una superficie rasa. La mano debe mantener una posición relajada. Procure evitar siempre "enganchar" debajo de la cuerda cuando toque. El volumen del tono lo determina el apretar hacia abajo con la punta de los dedos encima de las cuerdas. Cuanto más presión, más tono.

Arriba se muestra una rara foto de Francisco Tárrega, el famoso virtuoso español de la guitarra. Esta foto es un ejemplo clásico de como se debe colocar la guitarra clásica.

El estudiante debe notar particularmente los puntos siguientes: (1) que la pierna izquierda está elevada con un taburete, inclinando el mástil de la guitarra hacia arriba casi 45°. En esta posición la mano izquierda tiene acceso fácil a todas las notas del diapasón. (2) que los nudillos de la mano derecha forman una línea paralela a las cuerdas, colocando la mano en una posición perfecta para tocar. Fíjese también que el pulgar de la derecha está colocada bien arriba de los dedos. Esto evita interferencia con el movimiento. (3) que el dedo pulgar izquierdo está completamente fuera de la vista y que la muñeca curva ligeramente hacia fuera. Al tocar la guitarra clásica el pulgar siempre debe quedar detrás del mástil de la guitarra.

The REPEAT indicates that the part is to be repeated. When the dots are before the bar, the previous division is to be repeated; when after the bar, the division following.

El símbolo de Repetición indica la parte que se repite. Cuando los puntos están delante de las barras, se repite la parte anterior; cuando están después de las barras, se repite la parte que sigue.

DA CAPO, or D.C., indicates that the piece is to be played again from the beginning.

The SIGN 𝄋 indicates that the piece is to be repeated to the word FINE.

Da Capo, o D.C., indica que se toca la pieza de nuevo desde el principio.

El signo indica que se repite la pieza hasta la palabra FINE.

SIGNS INDICATING THE DEGREE OF POWER

SÍMBOLOS DE INTENSIDAD DEL SONIDO

piano or *p* means soft.   *mf* .... half loud.
pp .... very soft.   *sfz* .... suddenly *f*.
f .... loud.   *cresc.* ——<——....... increase.
ff .... very loud.   *dim.* ——>——....... decrease.

piano o p significa suave   *mf* ... con fuerza modera.
pp .... muy suave   *sfz* ... subitamente f.
f .... fuerte   *cresc.* ——<—— aumentando
ff .... muy fuerte   *dim.* ——>—— disminuyendo

MANNER IN WHICH THE GUITAR IS STRUNG AND AND TUNED

CUERDAS Y AFINACIÓN DE LA GUITARRA

The Guitar has six strings; the three first of which are gut, and the three others of silk, covered with silver wire.* They are tuned by Fourths, with exception of the third string, which is tuned a Third below the second.

La guitarra tiene seis cuerdas; las tres primeras son de tripa, y las otras tres son de seda, cubiertas con alambre plateado* Se afinan en Cuartas, con la excepción de la cuerda tercera, que se afina un intervalo de tercera más bajo de la segunda.

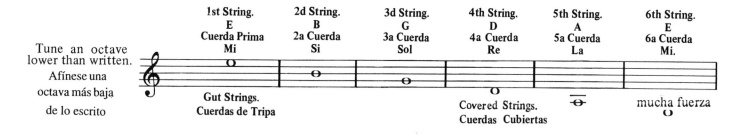

*Nylon has replaced gut and silk.

* Nylon ha reemplazado las cuerdas de tripa y seda.

TUNING THE GUITAR

An A tuning Fork is used in tuning the Guitar, to which the 5th string, A, is tuned; then press the finger on the same string at the 5th fret of the finger board, which will then give D; to which the 4th string is to be tuned in unison. The finger is then to be placed upon the 5th fret of the 4th string, which will give G, to which the 3d string is to be tuned in unison: then place the finger upon the 4th fret of the 3d string, which will give B, to which the 2d string is to be tuned in unison ; place the finger on the 5th fret of the 2d string, which will give E, to which the 1st string is to be tuned in unison. The 6th string, E, is then to be tuned to the 1st E string, but at the distance of two octaves lower.

AFINACIÓN

Se usa un diapasón en La para afinar la guitarra, con el que se afina la quinta cuerda , La; después apriete el dedo en el quinto traste de la misma cuerda, que dará un Re, que es mismo tono al que debe afinarse la cuarta cuerda. Apriete después el dedo en el quinto traste de la cuarta cuerda, que dará un Sol, que es mismo tono al que debe afinarse la tercera cuerda. Ponga después el dedo sobre el cuarto traste de la tercera cuerda, que dará un Si, que es mismo tono al que debe afinarse la segunda cuerda; apriete entonces el quinto traste de la segunda cuerda, que producirá un Mi, que es mismo tono al que debe afinarse la prima. La cuerda sexta, Mi, debe afinarse con la prima, Mi, pero dos octavas más baja.

EXAMPLE
EJEMPLO

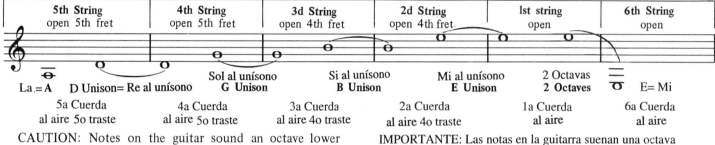

CAUTION: Notes on the guitar sound an octave lower than written.

IMPORTANTE: Las notas en la guitarra suenan una octava más bajas (graves) de lo que están escritas.

After having tuned the Guitar it is well to prove it by sounding the following octaves.

Después de haber afinado la guitarra se debe probar tocando las siguientes octavas:

The following are the signs used by most authors who have written for the Guitar, to indicate the fingering, and which are adopted in this work.

La mayoría de compositores para guitarra usan los símbolos siguientes para indicar la digitación y este libro también los usa.

THE LEFT HAND

O, open string; 1, first finger; 2, second finger; 3, third finger; 4, fourth finger.

MANO IZQUIERDA

O, se toca al aire; 1, dedo índice; 2, medio; 3, anular; 4, meñique.

THE RIGHT HAND

i First finger; *m* second finger; *a* third finger; *p* thumb.

MANO DERECHA

i, dedo índice; *m*, medio; *a*, anular; *p*, pulgar.

THE POSITIONS

There are as many positions as there are frets on the Finger board. It is the 1st finger that determines the position in which the hand is; thus, when the 1st finger is placed on the 1st fret, the hand is in the 1st position, and so on with the other positions.

LAS POSICIONES

Hay tantas posiciones como trastes en el diapasón. Es el primer dedo (índice) quien determina en qué posición está la mano; así que, cuando el dedo índice está en la primera posición, la mano está en la primera posición y lo mismo sigue con las otras posiciones.

SCALE SHOWING THE NOTES, AND THE EXTENT OF THE FIRST POSITION.

The figures placed near the notes indicate the fingers of the left hand, and also the frets on which they are to be placed.

The open strings are indicated by o, the 1st finger and 1st fret by 1, the 2d finger and 2d fret by 2, the 3d finger and 3d fret by 3, and the 4th finger and 4th fret by 4.

The fingers of the right hand are indicated by *p* for the thumb; *i* index finger; *m* middle finger; *a* ring finger.

ESCALA DE LAS NOTAS Y EXTENSIÓN DE LA PRIMERA POSICIÓN

Los números junto a las notas indican los dedos de la mano izquierda y también el traste donde se colocan.

Las cuerdas tocadas al aire se indican con el 0, el dedo 1 o índice y el traste primero se indican con el 1, el medio y el traste segundo por 2, el dedo anular y el traste tercero por 3, y el meñique y el traste cuarto por 4.

Los dedos de la mano derecha son indicados: *p* para el pulgar; *i* para el índice, *m* medio y *a* anular.

E= Mi   A= La
F= Fa   B= Si
G= Sol C= Do

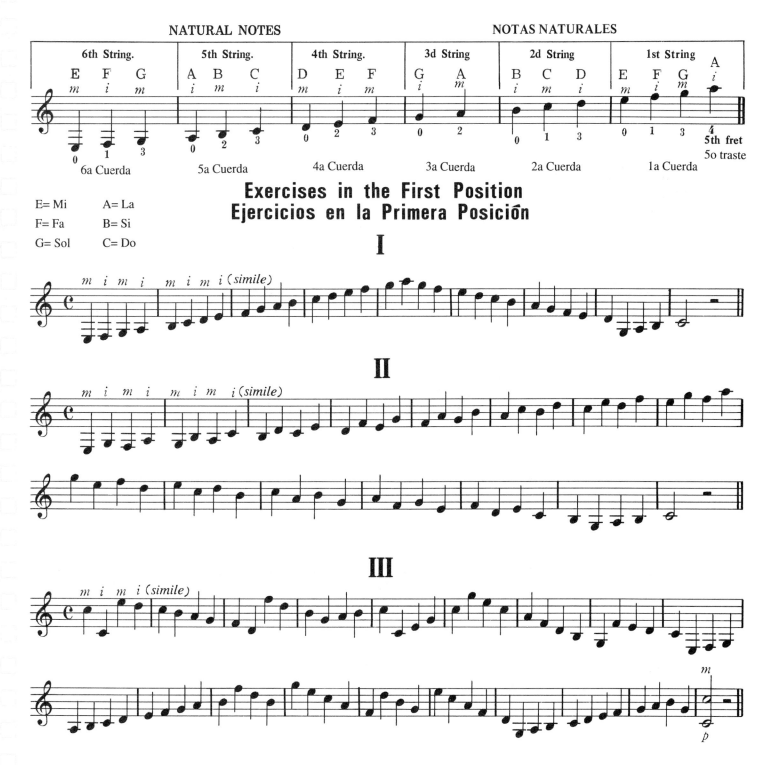

NATURAL NOTES — NOTAS NATURALES

Exercises in the First Position
Ejercicios en la Primera Posición

13

Scale with Sharps. **Escala con Sostenidos**

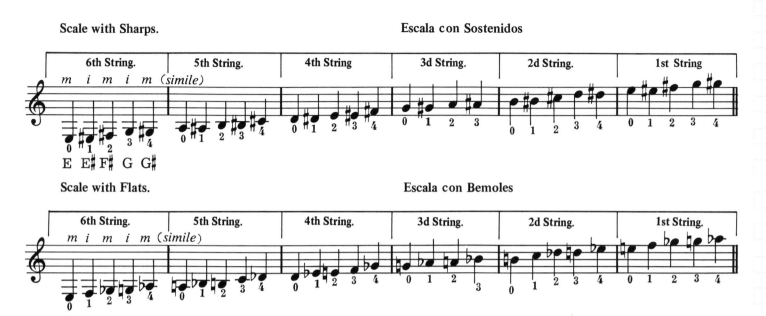

Scale with Flats. **Escala con Bemoles**

In the three previous short exercises plus the scales in sharps and flats Carcassi has given the student all of the notes required for the next 49 pages

En los tres ejercicios cortos anteriores más las escalas en los sostenidos y bemoles, Carcassi ha dado al estudiante todas las notas requeridas para las próximas 49 páginas.

Exercise With Sharps and Flats
Ejercicio Con Sostenidos Y Bemoles

CHORDS

The union of three or more notes played simultaneously is called a CHORD.

ARPEGGIOS

An Arpeggio is a number of notes played successively in uniform order, and which, when united, form chords.

Arpeggios are used on the guitar because they produce an agreeable effect on the instrument, and as studies, they give strength and agility to the fingers of the right hand. To execute the arpeggio well, before making the strings vibrate, the fingers of the left hand should be placed at once on the notes forming the chord on which the arpeggio is to be played; and when the last note of the arpeggio is struck, the fingers should be raised to pass to the next chord. This rule is indispensable; if the fingers were to quit the notes as soon as they are struck, the vibration of the entire chord would be obstructed; of which each note is an essential part.

These Arpeggios are given for the purpose of exercising the right hand, and to establish general rules, which will serve to show the fingering of that hand in all similar passages.

Each Arpeggio ought to the repeated several times in succession.

ACORDES

La unión de tres o más notas tocadas simultáneamente se llama un acorde.

ARPEGIOS

Un arpegio es una cierta cantidad de notas tocadas en sucesión con un orden uniforme y que, cuando están unidas, forman acordes.

Se usan arpegios en la guitarra porque producen un efecto agradable en el instrumento, y tocados como estudios, dan fuerza y agilidad a los dedos de la mano derecha. Para ejecutar el arpegio bien, antes de hacer vibrar las cuerdas, los dedos de la mano izquierda deben colocarse a la vez en las notas que forman el acorde donde se toca el arpegio y cuando se toque la última nota del arpegio, se debe levantar los dedos para pasar al próximo acorde. Esta regla es indispensable; si los dedos dejan las notas tan pronto como se tocan, se obstruye la vibración del acorde entero, del cual cada nota es una parte esencial.

Estos arpegios se dan con el propósito de ejercitar la mano derecha y para establecer reglas generales, que servirán para mostrar el toque de esa mano en todos los pasajes parecidos.

Se debe repetir cada arpegio varias veces en sucesión.

Foundation Chords for the Arpeggio Studies   **Acordes Fundamentales Para Estudios de Arpegios**

ARPEGGIOS WITH THE THUMB AND TWO FINGERS

ARPEGIOS CON EL PULGAR Y DOS DEDOS

Repeat each exercise four times in succession before playing concluding chord.

Repitan cada ejercicio cuatro veces seguidas antes de tocar el acorde final.

Scales, Cadences, Exercises, and Pieces
Escalas, Cadencias, Ejercicios, y Piezas

To facilitate the execution of the scales, it is necessary that the fingers of the left hand should be held sufficiently separated, and so placed that they may be put on, and taken off the strings, without moving the hand.

A finger which is placed on a note, should not be moved but to finger the note following, unless this note should be an open string.

In scales ascending, when passing from one note to another, the finger must not be raised too quickly from the string, lest it vibrate if left.

In the following preludes and little pieces, care must be taken to sustain the notes, as well in the bass, as in the other parts, this caution is necessary, in order to obtain a full and harmonious style.

Para facilitar la ejecución de las escalas, es necesario separar los dedos de la mano izquierda suficientemente y colocarlos de tal manera que se puedan poner y quitar de las cuerdas sin mover la mano.

No se debe mover un dedo puesto en una nota hasta que se tenga que tocar la nota siguiente a menos que esta nota sea una cuerda al aire.

En escalas ascendiendo, cuando se pasa de una nota a otra, no se debe levantar el dedo demasiado rápido de la cuerda, para que no vibre cuando se deja.

En los preludios y piezas pequeñas siguientes, se debe tener cuidado de mantener las notas, tanto en el bajo como en las otras partes, esta cautela es necesaria para obtener un estilo amplio y armonioso.

KEY OF C MAJOR.

R.H. Scale Fingerings		Use
	(1.) *m i m i*	
	(2.) *i m i m*	(a.) Rest Strokes
	(3.) *m a m a*	(b.) Free Strokes
	(4.) *a m a m*	

EL TONO DE DO MAYOR

M.D. Escala Dedos		Use
	(1.) *m i m i*	(a.) Apoyando
	(2.) *i m i m*	(b.) Toques libres
	(3.) *m a m a*	
	(4.) *a m a m*	

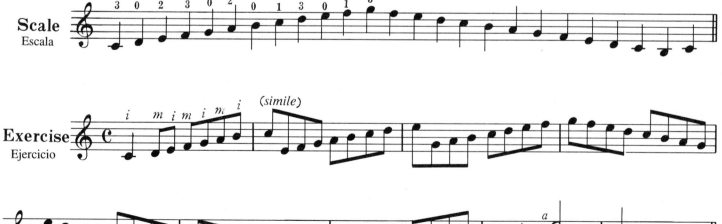

ARPEGGIOS WITH THE THUMB AND THREE FINGERS

ARPEGIOS CON EL PULGAR Y TRES DEDOS

To facilitate the study of the following Arpeggio, and the execution of the left hand, I have written on an upper stave over each bar, the chord which is to be played Arpeggio, as written on the stave below. The pupil will see at a glance, the chord composing the Arpeggio, and on which notes the fingers must be placed.

The curved lines from one chord to the other, serve to show that the fingering of these notes has not changed, and that the fingers which press them must remain unmoved.

Para facilitar el estudio del arpegio siguiente, y la acción de la mano izquierda, he escrito el acorde, en un pentagrama adicional encima de cada compás, que se debe tocar como arpegio, como está escrito en el pentagrama de abajo. El alumno verá, de un vistazo, el acorde que compone el arpegio y en qué notas deben ponerse los dedos.

Las líneas curvadas que van de un acorde al otro, sirven para indicar que el dedo en esas notas no cambian y no se deben mover.

Arpeggio Exercise

Ejercicio de arpegios

Arpeggios

(Se usa la misma patente de la M.D. que muestra la página 16)

(Use same R.H. finger patterns as shown on page 16.)

Key of G Major.   El Tono de Sol Mayor

Arpeggio Exercise

Andantino

* Move the hand up one fret.
* Mueva la mano subiendo un traste.

R.H. Etudes

KEY OF D MAJOR.

To facilitate the fingering in the Scale of D Major, it is necessary to advance the left hand to the second fret. [Second Position]

R.H.
Scale
Fingerings

(1.) *mimi*
(2.) *imim*
(3.) *mama*
(4.) *amam*

Use
(a.) Rest Strokes
(b.) Free Strokes

EL TONO DE RE MAYOR

Para facilitar la digitación en la escala de Re Mayor, es necesario subir la mano izquierda hasta el segundo traste. [Segunda Posición]

M.D.
Escala
Dedos

(1.) *mimi*
(2.) *imim*
(3.) *mama*
(4.) *amam*

Use
(a.) Apoyando
(b.) Toques
libres

Scale

Exercise

Cadence

Prelude

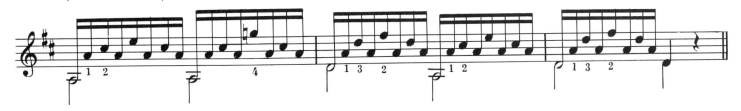

When two notes which are to be played on the same string meet, the upper note must be taken as usual, and the lower one on the next string.

Cuando se encuentren dos notas que pueden tocarse en la misma cuerda, la nota de arriba se toca como siempre y la de abajo en la próxima cuerda.

The D on the second string the B on the third string on the fourth fret.

El Re en la segunda cuerda, el Si en la tercera cuerda, cuarto traste.

The G on the 1st string, the E on the 2d string on the 5th fret.

El Sol en la primera cuerda, el Mi en la segunda cuerda, quinto traste.

Arpeggio Exercise

THE BARRER.

The Barrer is made by pressing the 1st finger on two or more strings, on the same fret.

There are two Barrers, the Great and the Small.

In the small Barrer, the first finger stops but two or three strings.

In the great Barrer, the first finger stops the whole of the six strings.

EL PUENTE (BARRE)

Se hace el puente apretando con el dedo índice dos o más cuerdas en el mismo traste.

Hay dos tipos, el puente y el medio puente.

En el medio puente, el dedo índice cubre dos o tres cuerdas.

En el puente grande, el índice cubre las seis cuerdas.

25

Key of A Major.

El Tono de La Mayor

Scale

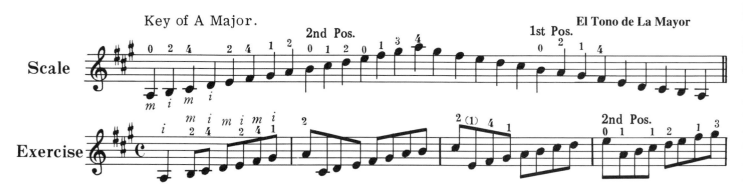

Exercise

Cadence

Small barrer

Barrer pequeño

Prelude

Arpeggio Exercise

Small barrer

Barrer pequeño

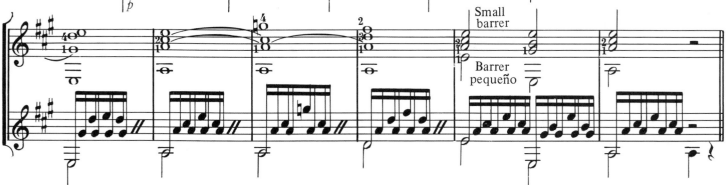

Waltz

March

Key of E Major.

El Tono de Mi Mayor

Scale

Exercise

Cadence

Prelude

Waltz

Fine

D.C.

mf

* F double sharp __×__ located on fret 3.
* La Fa doble sostenido __×__ situado en el traste 3.

Rondo

Andantino

30

Key of A Minor.   2nd Pos.   El Tono de La Menor

Scale

Exercise

Cadence

Prelude

dim.

Arpeggio Exercise

Arpeggio Exercise

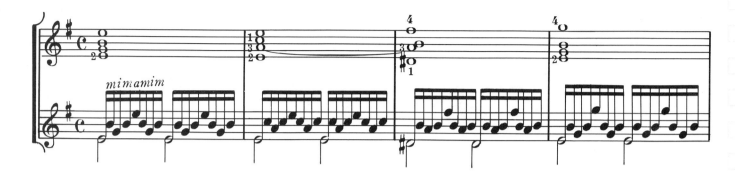

1.

2.

3.

Andante

Exercise In G Major.   Ejercicio en Sol Mayor

Allegretto

36

Arpeggios

One of the techniques which has advanced classic guitar playing considerably since the latter part of the 19th century is the so-called Rest Stroke. (Some guitarists use the terms "Supported Stroke" or "Hammer Stroke" for this technique.) For this innovation Francisco Tárrega is almost totally responsible. Others may have experimented with the idea but there is no record of it having been used previously, either in print, drawings, or photographs.

THIS MAY BE ACCOMPLISHED BY:

(1.) Altering the playing position of the right hand. Instead of resting the little finger on top of the guitar, as other guitarists had always done, he lifted it and held the hand in such a position as to bring the knuckles into a parallel line with the strings. (See photograph on page 10.)
(2.) Employing the ring finger more, making many more fingering combinations possible.
(3.) Establishing a logical order of fingering for the right hand. Neither of the above mentioned would have been practical with the old traditional position.

The rest stroke is performed by sounding the string with the index, middle, or ring finger. Each finger then comes to rest immediately on an adjacent string. The thumb may also be used in this manner though it moves in an opposite direction.

In using the Rest Stroke the volume of tone is determined by the amount of downward pressure exerted by the fingers - the more pressure, the more tone.

Some of the advantages of the Rest Stroke are: greater volume of sound, firmness and security by providing additional support to the hand, and more resource to shadings and phrasing.

Una de las técnicas que ha avanzado considerablemente el arte de tocar la guitarra clásica, desde los fines del Siglo XIX, es el llamado Punteo de Apoyo que algunos guitarristas lo conocen como Punteo Sostenido o Punteo Amartillado. Francisco Tárrega tiene casi totalmente el crédito por esta innovación. Otros guitarristas han experimentado con la idea pero no se hace mención en la historia de que haya sido utilizado anteriormente, ni en letra, dibujos o fotografías.

SE PUEDE HACER ESTO:

(1.) Alterando la posición de toque de la mano derecha. En lugar de apoyar el dedo meñique sobre la guitarra, como otros guitarristas siempre habían hecho, él lo levantó y mantuvo la mano en una posición que colocaba los nudillos paralelos a las cuerdas (véase la foto en la página 10)
(2.) Usó más a menudo el dedo anular, creando de esta manera muchas más combinaciones posibles de digitación.
(3.) Estableciendo un orden lógico de digitación de la mano derecha. Ninguna de las técnicas anteriores hubieran sido posible con la posición tradicional.

El Punteo de Apoyo se ejecuta tocando las cuerdas con el índice, medio o anular. Cada dedo se apoya inmediatamente en la cuerda adyacente. El pulgar también puede ser usado de esta manera aunque se mueve en dirección opuesta.

Cuando se usa el Punteo de Apoyo, se determina el volumen del tono con la cantidad de presión hacia abajo aplicada por los dedos - cuanto más presión, mayor el volumen.

Unas de las ventajas del Punteo de Apoyo son: mayor volumen de sonido, firmeza y seguridad al recibir la mano más apoyo y más recursos para matiz y frase musical.

March

Allegretto

Key of D Minor.

El Tono de Re Menor

Scale

Exercise

Cadence

Prelude

Waltz

* 1st Finger remains down.
* El dedo queda abajo.

cresc.

Fine

D.C.

Caprice In D Minor
Capricho en Re Menor

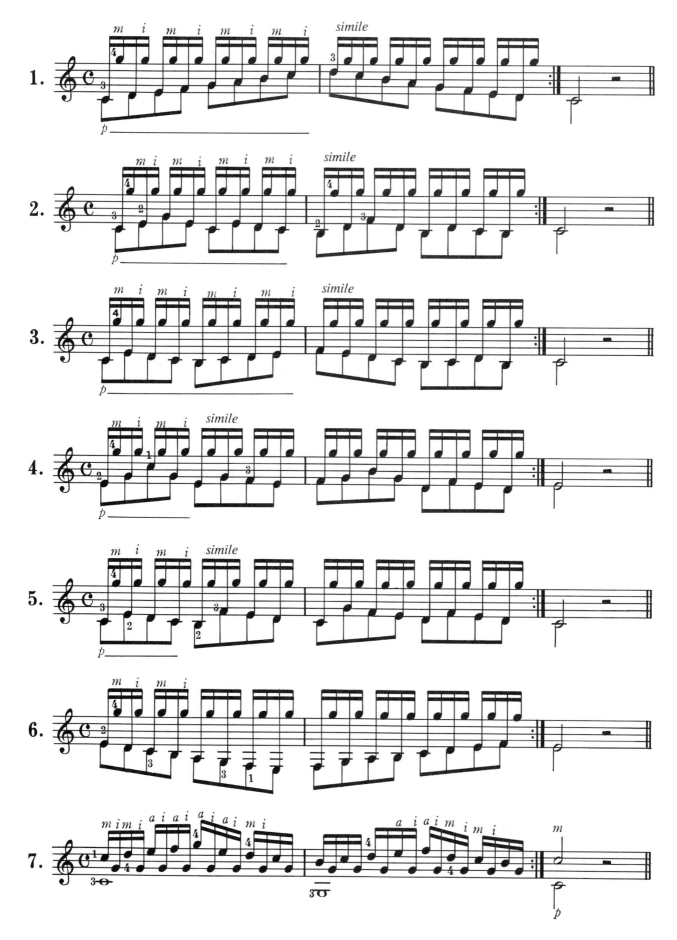

Exercise In D Major.   Ejercicio en Re Mayor

Rondino

Arpeggio Exercise

Allegretto

mf

p

cresc.

f

Fine

p

D.C.

Right Hand Exercises   Ejercicios para La Mano Derecha

1.

2.

THE SLUR.

Two or more notes placed successively, of which only the first is made to vibrate by the right hand, and the others by the mere pressure of the fingers of the left hand, are called slurred notes.

Slurs are performed both in rising and in descending. To execute slurs of two notes, in rising, the lower note is to be played, and the finger of the left hand descends like a hammer and with a good deal of force upon the higher note, which must sound from the mere impulse of the finger.

In descending, the higher note is played, and drawing the finger which pressed it, a little, to one side, so as to touch the string a little, the lower note is made to sound. If the latter note is not on an open string, it must be prepared before the higher note is made to vibrate.

The slur is indicated by this sign ⌒ placed over the notes which are to be slurred.

LA LIGADURA

Se llaman notas ligadas a dos o más notas tocadas sucesivamente, de las cuales solamente la primera se toca con la mano derecha y las otras suenan solamente con la presión de los dedos de la mano izquierda.

Se tocan ligados ascendiendo y descendiendo. Para tocar ligados de dos notas ascendiendo, se toca la nota más baja y el dedo de la mano izquierda desciende como un martillo, con gran fuerza, sobre la nota más alta, que debe sonar con solo el impulso del dedo izquierdo.

Al descender, se toca la nota más alta, y moviendo el dedo que la apretó un poco al lado, para tocar la cuerda in poquito, se hace sonar la nota baja. Si la nota posterior no es una cuerda tocada al aire, se tiene que preparar la segunda nota antes de tocar la nota alta.

La ligadura se indica con este símbolo colocado sobre las notas que están ligadas.

SLURS OF TWO NOTES RISING AND DESCENDING

LIGADOS DE DOS NOTAS ASCENDIENDO Y DESCENDIENDO

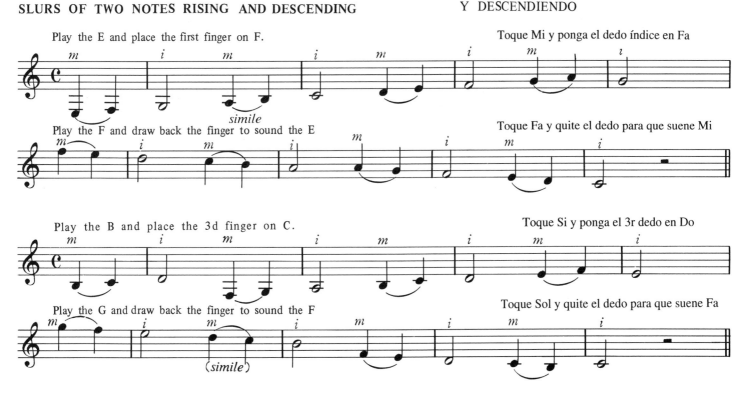

There are also slurs of two notes, in descending, on two different strings, which are called "Vibration Slurs". To perform them, play the higher note, which in this case is almost always open, then strike hard with the finger of the left hand the note which is to be slurred, and which will be sounded by the mere impulse of the finger.

Hay también ligados de dos notas, al descender, en dos cuerdas distintas que son llamados "Ligados de Vibración." Para tocarlos, toque la nota más alta, que casi siempre es una nota al aire, y pise con fuerza con el dedo de la mano izquierda la nota que está ligada y que debe sonar con el impulso del dedo izquierda solamente.

Play the E and strike the 3d finger on D.

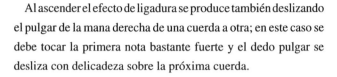

In rising, the effect of the slur is also produced by sliding the thumb of the right hand from one string to the other; in this case the first note must be struck rather hard and the thumb slide with delicacy over the next string.

Al ascender el efecto de ligadura se produce también deslizando el pulgar de la mana derecha de una cuerda a otra; en este caso se debe tocar la primera nota bastante fuerte y el dedo pulgar se desliza con delicadeza sobre la próxima cuerda.

Slurs of three or four notes are made in the same manner as those of two notes, by setting the first note in vibration with the right hand, and laying on or with-drawing, according as the slur is ascending or descending, as many fingers of the left hand as there are notes to be slurred.

Se hacen ligaduras de tres o cuatro notas de la misma manera que las de dos notas, haciendo vibrar la primera nota con la mano derecha y poniendo o quitando, si el ligado es ascendiendo o descendiendo, tantos dedos de la mano izquierda coma haya notas ligadas.

SLURS OF THREE NOTES.

LIGADOS DE TRES NOTAS

Snap the E, and the place successively the first finger upon the F, and the third upon the G.

Toque el Mi y coloque sucesivamente el primer dedo en el Fa y el tercero sobre Sol.

Snap the G, and successively remove the fingers to produce the F and the E.

Toque el Sol y quite los dedos sucesivamente para tocar Fa y Mi.

48

In this last you snap the first
note and slur all the rest,

Es este ejemplo, toque la primera
nota y ligue las demás

Double notes may be slurred,
but only two by two.

Se puede ligar las notas dobles,
pero solo dos por dos.

Example
Ejemplo

Allegretto
non troppo

49

Notes in the Higher Positions
Notas en las Posiciones Más Altas
(System for Memorization)
(Sistema de Memorizar)

Following is shown a systematic way to memorize six octaves of notes on the guitar fingerboard in the shortest amount of time. (One octave on each string.)

This procedure provides four different viewpoints of the chromatic scale and progresses in this manner: (a) Up in sharps (b) Down in flats (c) Up in flats (d) Down in sharps.

Begin by playing through the exercise slowly until thoroughly familiar with its contents. After this is accomplished play through the exercise from memory, *Naming the notes as you play them* until completely memorized. Repeat many times. You must keep identifying the notes on the fingerboard as you practice to memorize their location.

A continuación se muestra una manera sistemática para memorizar seis octavas de notas en el diapasón de la guitarra en el tiempo más breve. (Una octava en cada cuerda.)

Este procedimiento ofrece cuatro distintos puntos de vista de la escala cromática y progresa en esta manera: (a) Asciende en sostenidos (b) Desciende en bemoles (c) Asciende en bemoles (d) Desciende en sostenidos.

Comience tocando el ejercicio despacio hasta que esté completamente familiarizado con su contenido. Después de conseguir esto, toque el ejercicio de memoria, *Nombrando las notas mientras las toca* hasta que las memorice completamente. Repítalo muchas veces. Se tiene que seguir identificando las notas en el diapasón mientras practica para memorizar su posición.

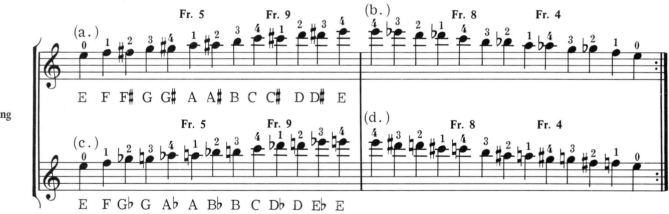

lst String
1ª Cuerda

To memorize the notes on the remaining five strings proceed as you did on the first, starting with the open string and going up and down an octave on each one, as prescribed above.

Para memorizar las notas en las siguientes cincos cuerdas, siga el procedimiento anterior, comenzando con la cuerda tocada al aire, subiendo y descendiendo una octava en cada una.

THE POSITIONS

There are as many positions as there are frets on the fingerboard. It is the 1st finger that determines the position in which the hand is; thus, when the 1st finger is placed on the 1st fret, the hand is in the first position, and so on with the other positions.

There are five which are called principal positions. A thorough knowledge of these is sufficient to enable the student to acquaint himself with the others. The five principal positions are: the First, Fourth, Fifth, Seventh, and Ninth.

LAS POSICIONES

Hay tantas posiciones como trastes en el mango. Es el dedo primero que determina la posición en que la mano es; de este modo, cuando el dedo primero está puesto en el primero traste, la mano está en la posición primera, y etcetera, con las otras posiciones.

Hay cinco que se llaman posiciones principales. Un conocimiento completo de estos es suficiente para permitir el estudiante familiarizarse con las otras. Las cinco posiciones principales son: La Primera, La Cuarta, La Quinta, La Séptima y La Novena.

SCALE IN THE FOURTH POSITION

Method of Practicing
(a.) As you play the scale name the notes.
(b.) As you play the scale name the frets.

    Employ these R.H. fingerings.
      (1.) *mimi*   (3.) *mama*
      (2.) *imim*   (4.) *amam*

Apply the same procedure to the scales in Fifth, Seventh, and Ninth positions.

TONO EN LA CUARTA POSICIÓN

Método de Practicar
(a) Mientras toque la escala nombre las notas.
(b) Mientras toque la escala nombre los trastes.

    Emplee estos pulsados de la Mano Derecha.
      (1) *m i m i*   (3) *m a m a*
      (2) *i m i m*   (4) *a m a m*

Aplique este mismo procedimiento a las escalas en la Quinta, Séptima, y Novena Posición.

Exercise

Waltz

Exercise In A Major.

Ejercicio en La Mayor

1.

2.

3.

4.

52

Scale in the fifth position.

El tono en La Quinta Posición

53

Scale in the seventh position.   El tono en La Sèptima Posición

Exercise

7th Pos.

Allegretto

Fine

54

There are cases where we profit by a note played upon an open string, to pass with greater facility from one position to another; this note is indicated by a (o) which is placed over a note.

Hay casos donde podemos beneficiarnos de una nota tocada en una cuerda al aire para pasar con más facilidad de una posición a otra; esta nota se indica con una (o) puesta sobre una nota.

Sometimes the first finger is drawn back one fret, without the position of the hand being altered on that account.

A veces el primer dedo baja un traste, sin alterar la posición de la mano.

The four following pieces are written so that the pupil may go through the different positions.

Las cuatro piezas siguientes están escritas para que el alumno pueda probar las distintas posiciones.

Waltz

60

DOUBLE NOTES.

On the Guitar there are passages of double notes or thirds, sixths, octaves, and tenths. To facilitate their execution, it is necessary to slide the fingers as much as possible, in passing from one fret to another.

In these first exercises the fingers which are to slide are marked by small lines placed between the numbers, to indicate the fingering of the left hand.

LAS NOTAS DOBLES

En la guitarra hay pasajes de notas dobles o terceras, sextas, octavas, y décimas. Para facilitar su ejecución, es necesario deslizar los dedos, lo más posible, al pasar de un traste a otro.

En estos primeros ejercicios, los dedos que se deslizan están marcados por las líneas colocadas entre los números para indicar la digitación de la mano izquierda.

Exercise

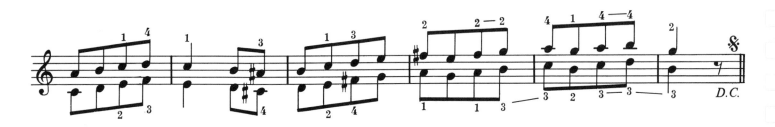

Fine

D.C.

Scale in octaves.   Escala En Octavas

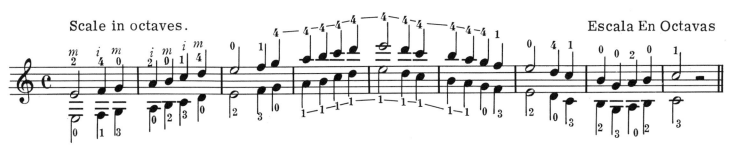

Exercise

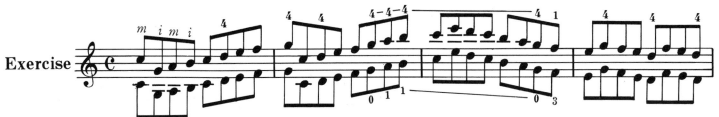

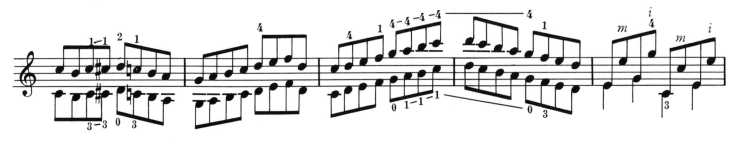

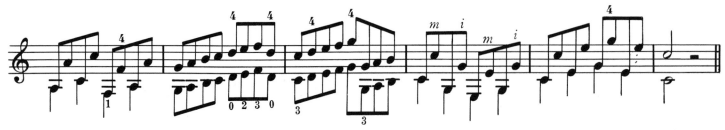

Study Moderato

Scale in tenths.   Escala En Décimas

Exercise

Fine

Prelude 5th Pos.   gr. Barrer.

3th Pos.   1st Pos.

Andantino

Study

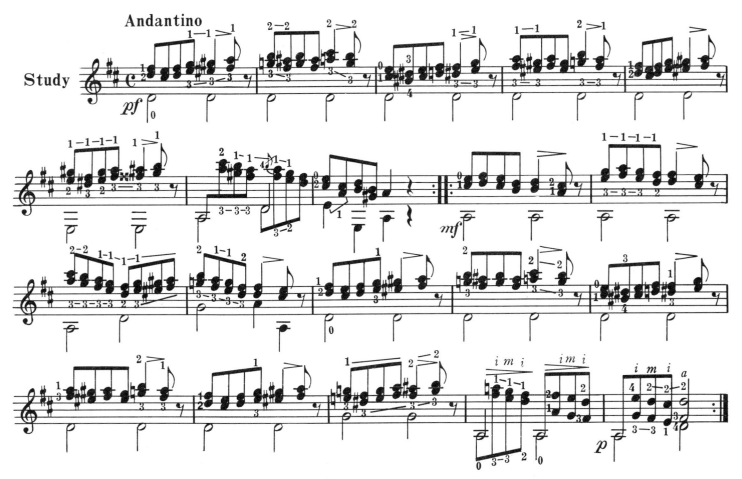

Study

64

Study

SCALES, CADENCES, EXERCISES, AND PRELUDES in the Major and Minor Keys, which have not been presented in the First Part.

TONOS, CADENCIAS, EJERCICIOS, Y PRELUDIOS en los Tonos Mayores y Menores, que no se han presentado en la Primera Parte.

R.H. Scale Fingerings (1.) *mimi* (2.) *imim* (3.) *mama* (4.) *amam*

M.D. Escala Dedos (1.) *m i m i* (2.) *i m i m* (3.) *m a m a* (4.) *a m a m*

Key of B Minor. — El Tono de Si Menor

Scale

Exercise

Cadence

Prelude

Prelude

In passages of thirds, sixths and tenths, sometimes we find an accompanying part which rests upon a single continuous note, and which is put in to produce an effect peculiar to the guitar. This part should always be executed upon an open string, even if the other parts are higher, in which case they should be taken upon strings below the open string.

En pasajes con terceras, sextas, y décimas, a veces encontramos una parte de acompañamiento que se basa en una sola nota continua y que se pone para producir un efecto peculiar a la guitarra. Esta parte siempre debe tocarse en una cuerda al aire, aunque las otras partes sean más altas, en cuyo caso deben tocarse en cuerdas más bajas de la que se toca aire.

67

Prelude

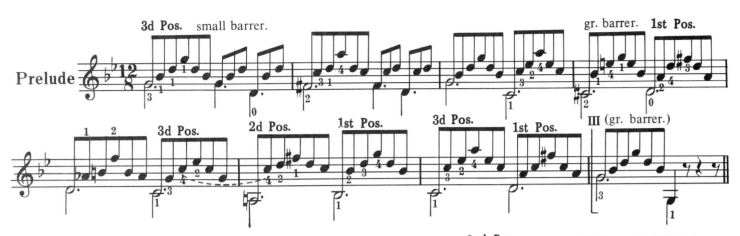

Scale — Key of E♭ Major. — El Tono de Mi♭ Mayor

Exercise

Cadence

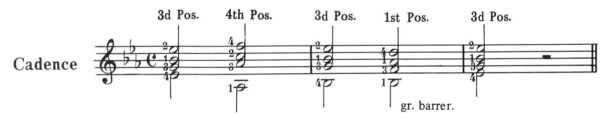

Prelude

Scale — Key of C Minor. — El Tono de Do Menor

Exercise

Cadence

Prelude

Scale — Key of A♭ Major. — El Tono de La♭ Mayor

Exercise

Cadence

4th Pos.　　　　　　1st Pos.　　4th Pos.

Prelude

4th Pos. sm. barrer　6th Pos. gr. barrer. 4th Pos.　　　　　　　　　　3d Pos.

1st Pos.　　gr. barrer.　　4th Pos.　　sm. barrer.　6th Pos.　4th Pos.　IV

Key of F Minor.　　　　　　　　　　　El Tono de Fa Menor

Scale

1st Pos.

Exercise

1st Pos.

Cadence

1st Pos.

sm. barrer.　　　　　　　　　　　　gr. barrer.

Prelude

4th Pos. gr. barrer. 1st Pos.

Key of Db Major.

Serving also for that of C# Major, with seven sharps.

El Tono de Reb Mayor

Equivalente al Do# Mayor, con siete sostenidos.

Key of Bb Minor.

El Tono de Sib Menor

Key of F♯ Minor.

El Tono de Fa♯ Menor

Key of C♯ Minor,

El Tono de Do♯ Menor

Cadence

Prelude

Scale — Key of G sharp minor — El Tono de Sol ♯ Menor

Exercise

Cadence

Prelude

Key of F# Major.

Serving also for that of G♭ Major with six flats.

El Tono de Fa# Mayor

Equivalente al Sol♭ Mayor, con seis bemoles.

Scale

Exercise

Cadence

Prelude

Key of D♯ Minor.   El Tono de Re♯ Menor

Scale

Exercise

Cadence

Prelude

Arpeggio Exercise
Ejercicio Del Arpegio

THE TRILL.

The Trill is where a note alternates, for a longer or shorter time, according to its value, and very rapidly, with the note which is a tone or half a tone above it, and which is termed the auxiliary note. The Trill should generally begin and end with the principal note.

Every Trill should have a termination; this termination consists of the tone or semitone below, followed by the principal note. (See following Examples.)

On the Guitar the trill is made in three ways:

1. By snapping the first note, and slurring the rest of the Trill.
2. By snapping the principal, and slurring the auxiliary note.
3. By taking the two notes upon two different strings with the left hand, and snapping them with two or three fingers.

EL TRINO

El trino se hace cuando se alterna una nota, más largo o breve de acuerdo a su valor, muy rápidamente con otra nota un tono o semitono más arriba que se llama la nota auxiliar. Generalmente el trino comienza y termina con la nota principal.

Cada trino debe tener una terminación; esta terminación consiste en un tono o semitono más bajo seguido por la nota principal. (Vea los ejemplos siguientes.)

En la Guitarra se hace el trino de tres maneras:

(1) Tocando la primera nota y ligando el resto del trino.
(2) Tocando la nota principal y ligando la nota auxiliar.
(3) Usando las dos notas en dos cuerdas diferentes con la mano izquierda, y tocándolas con dos o tres dedos.

THE SLIDE

The Slide is performed by one finger of the left hand, which slides along the neck in passing over all the frets from the 1st to the 2nd note, after having struck with the right hand the first of the two notes.

The slide produces a good effect on the guitar, because it imitates the sound of the voice. It is indicated by this sign. ⌒

EL DESLIZ

El desliz se ejecuta con un dedo de la mano izquierda que se desliza sobre el diapasón de una nota a otra pasando por todos los trastes en medio, después de pulsar can la mano derecha la primera de las dos notas.

El desliz produce in buen efecto en la guitarra, porque imita el sonido de la voz. Se indica con este símbolo. ⌒

SMALL NOTES OR APPOGGIATURA

This name is given to a small note which sometimes is of half the value of the note which it precedes.

In this case it is the long Appoggiatura, and when it has but a very short duration it is called the short Appoggiatura. To distinguish the short from the long Appoggiatura, the former is crossed at the end.

The small notes are played the same as slurs, giving an impulse to the small note with the right hand, and making the principal note sound with the finger of the left hand.

When a common note, preceded by a small note, is accompanied by one or more parts, the small note must be played with the accompanying parts, and the principal note be slurred immediately.

NOTAS DE ADORNO O APOYATURAS

Se llama así a las notas pequeñas que a veces reciben la mitad del valor de la nota que precede.

En ese caso nos referimos a la apoyatura larga y cuando tenga una duración muy corta se llama apoyatura breve. Para diferenciarla, la breve tiene una línea que la cruza en un ángulo.

Las notas de adorno se tocan igual que los ligados, tocando la nota de adorno con la mana derecha y haciendo sonar la nota principal con el dedo de la mano izquierda.

Cuando una nota normal tiene una nota de adorno y está acompañada por otras notas, se tocan la de adorno y el acompañamiento a la vez, seguido inmediatamente por la nota principal.

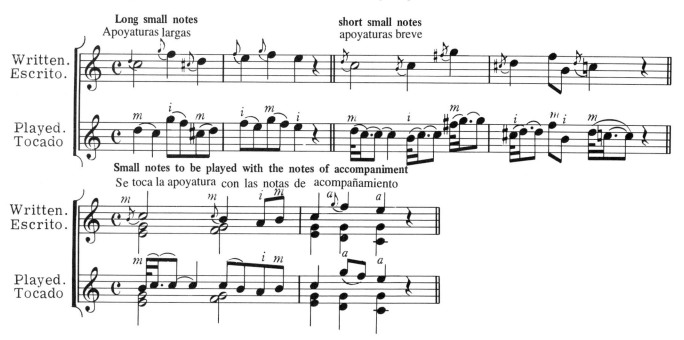

DOUBLE SMALL NOTES OR APPOGGIATURAS

Two Appoggiaturas are executed in the same manner as two principal notes slurred, only with more rapidity, since the latter receive their full value, whereas the small notes borrow somewhat from the duration of the principal notes.

DOBLE APOYATURAS

Dos Apoyaturas se ejecutan de la misma manera que dos notas principales ligadas, solamente con más rapidez ya que la posterior recibe su valor completo mientras que las notas de adornos "prestan" su duración de la nota principal.

SHORT PIECES FOR THE PRACTICE OF APPOGGIATURAS
PIEZAS CORTAS PARA PRACTICAR LAS APOYATURAS

THE MORDENTE

This ornament is a fragment of a Trill. It is made upon long and short notes; but has a particularly fine effect upon the latter; it is indicated by the sign. ᴧᴧ

EL MORDENTE

Este ornamento es un fragmento de un trino. Se hace con notas largas y breves pero tiene un efecto muy agradable con las segundas; se indica con el símbolo.

MUFFLED TONES.

To damp or smother the sounds, you have only to place the fingers of the right hand upon the strings just snapped, after allowing them to vibrate during their written value, (which is here a sixteenth.) Chords of five or six notes are stopped by laying the palm of the right hand upon all the strings, near the rosette.

TONOS SORDOS.

Para apagar o silenciar los sonidos, solamente hay que poner los dedos de la mano derecha sobre las cuerdas que se tocan, después de permitirles vibrar el tiempo del valor escrito, (en este ejemplo una semicorchea.) Los acordes de cinco o seis notas se apagan poniendo la palma de la mano derecha sobre todas las cuerdas, cerca de la boca.

THE GRUPPETTO

This is the name of a group of appoggiatura notes, composed of the principal note and its auxiliary note immediately above and below. It is indicated and performed in three ways.

1. By beginning with the principal note, A (♩∾) 2. By beginning with the auxiliary above, (B∾) 3. By beginning with the auxiliary below, (C∾) This is called inverted in most treatises, and indicated (⌇).

EL GRUPPETTO

Es un grupo de notas de adornos compuesto de la nota principal y su nota auxiliar inmediatamente arriba y debajo. Se indica y se toca de tres maneras.

1. Comenzando con la nota principal, ejemplo A
2. Comenzando con la nota auxiliar de arriba, ejemplo B
3. Comenzando con la nota auxiliar de abajo, ejemplo C. Esto se llama invertido en la mayoría de libros, y se indica (⌇).

Example
Ejemplo

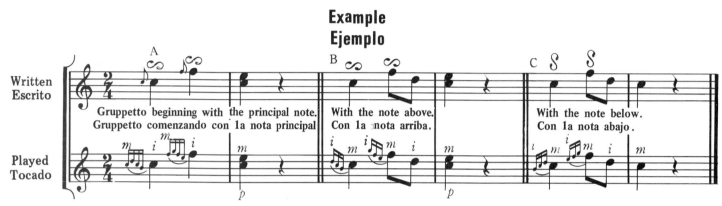

If a little note of the gruppetto is to be altered by a Sharp or Flat, it is thus indicated for the auxiliary above, (♭⌇) and thus for the auxiliary below (♯⌇).

Si se altera una apoyatura con un bemol o sostenido, se indica así para el auxiliar arriba (♭⌇) y para el auxiliar de abajo (♯⌇).

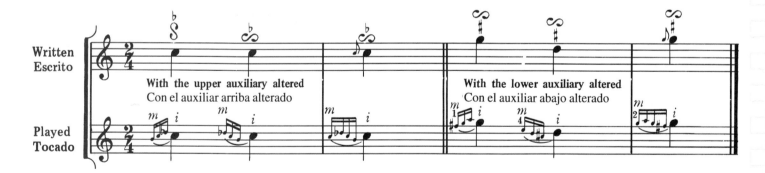

When the Gruppetto stands between two principal notes, it is always commenced with the upper auxiliary.

Cuando el Gruppetto está situado entre dos notas principales, siempre se comienza con el auxiliar más alto.

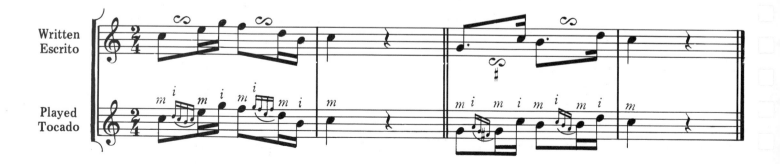

HARMONICS.

Harmonics are produced by placing a finger of the left hand on the strings of the guitar at certain divisions of the finger board.

The finger must press lightly, yet with sufficient force to prevent the string from vibrating as if open. As soon as the string has been struck with sufficient force near to the bridge, the finger must be taken off.

Harmonics sound an octave higher than what they are marked. They are produced at the 12th, 7th, 5th 4th and 3d fret, as the following table shows.

ARMÓNICOS

Se producen los armónicos colocando un dedo de la mano izquierda sobre las cuerdas de la guitarra encima de ciertos trastes.

El dedo tiene que apretar ligeramente, pero con fuerza suficiente para no permitir a la cuerda vibrar como si estuviera al aire. Tan pronto como se toque la cuerda con la fuerza necesaria cerca del puente, hay que quitar el dedo.

Los armónicos suenan una octava más alta de lo escrito. Se producen en los trastes 12, 7, 5, 4 y 3, como muestra la siguiente tabla.

EXERCISE IN HARMONICS.

The upper figures indicate the frets and the lower ones the strings.

EJERCICIO EN ARMÓNICOS.

Los números superiores indican los trastes y los de abajo las cuerdas.

All the notes within the compass of the guitar may be played harmonically. To do this, the note which is to be played harmonically is fingered in the same manner as an ordinary note; then the point of the forefinger of the right hand is placed at the 12th fret distant from the note which presses lightly on the string, and strikes this string which will produce a harmonic sound.

Previously has been fingered by the left hand. The ring finger is then moved behind the forefinger, which presses lightly on the string, and strikes this string which will produce a harmonic sound.

Todas las notas que cubre la guitarra se pueden tocar armónicamente. Para hacer eso, la nota que se quiere tocar armónicamente se toca de la misma manera que una nota regular, después, la punta del dedo índice de la mano derecha se coloca a 12 trastes de distancia de la nota que antes ha tocado la mano izquierda. Se coloca entonces el anular detrás del índice (que presiona ligeramente la cuerda) y toca esta cuerda, produciendo un sonido armónico.

Rondo to Exercise all the Positions
Rondo Para Ejercer todas las Posiciones

25 STUDIES   25 ESTUDIOS

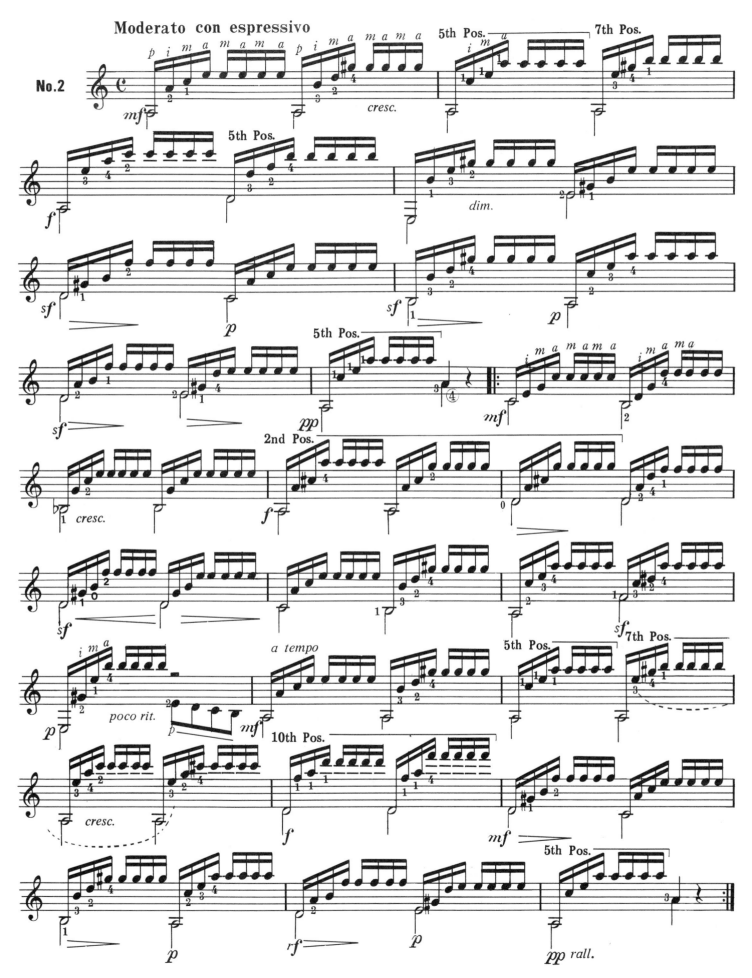

No. 6

Moderato

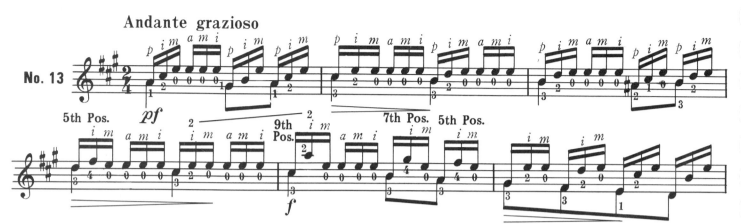

No. 13

Andante grazioso

No. 20

Allegro brillante

Bar. 7

No. 21

Andantino

No. 23

No. 24

Andantino con espressione

Animato

111